HUBERT LeGALL

Ouvrage édité par la Communauté de communes de Riom,
sous la direction de Marie-Josée Linou, Conservateur en chef du patrimoine,
directrice des musées de Riom Communauté,
à l'occasion de l'exposition

« Hubert Le Gall - Design en liberté »,
présentée au musée Mandet,
à Riom, du 24 mai au 19 octobre 2014.

REMERCIEMENTS

Nos plus vifs remerciements s'adressent à
La Communauté de communes de Riom
Le musée Mandet et toute son équipe
La Direction régionale des affaires culturelles d'Auvergne

Les auteurs du catalogue :
Dominique Forest, Conservateur au musée des arts décoratifs à Paris ;
Dany Sautot, Historienne de l'Art et du paysage,

Angela Blazy pour la traduction des textes en anglais

L'association des Amis des musées de Riom

Le conservateur du musée Mandet tient à remercier
tout particulièrement et chaleureusement Hubert Le Gall et ses assistants :
Boris, Marc, Héry et Laurie pour leur investissement dans la préparation
et la réalisation de cette exposition.

Catalogue edited by the Riom Communauté de Communes
under the direction of Marie-Josée Linou, Head Curator,
Director of Museums Riom Communauté
on the occasion of the exhibition

"Hubert Le Gall – Design en liberté"
presented at the Musée Mandet
in Riom from 24th May to 19th October 2014.

ACKNOWLEDGEMENTS

We would like to give special thanks to
The Riom Communauté de Communes
The Musée Mandet and the whole staff
The Regional Direction for Cultural Affairs in the Auvergne

The authors of the catalogue:
Dominique Forest, Curator at the Musée des Arts Décoratifs in Paris ;
Dany Sautot, Art and Landscape Historian ;

Angela Blazy-O'Reilly for the translation of the texts into English

The Association of the Friends of the Riom Museums

The Curator of the Musée Mandet would like to give warm thanks
in particular to Hubert Le Gall and his assistants: Boris, Marc, Héry and Laurie
for all the work they put in to prepare and set up this exhibition.

ISBN 978-2-35340-184-0
Dépôt Légal 2e trimestre 2014

© Éditions Gourcuff-Gradenigo, Paris 2014
© Hubert Le Gall, pour les œuvres et dessins reproduits, Paris 2014

HUBERT Le GALL

Design en liberté Design unbound

GOURCUFF
GRADENIGO

Hubert Le Gall,
un design en liberté
Design Unbound

Conservateur en Chef du patrimoine
Directrice des musées de Riom communauté

The Musée Mandet is reputed for its fine arts' and ancient and contemporary decorative arts' collections. For several years, the museum has been keeping an eye out for artists working in the intersecting fields of plastic arts, design and crafts. This desire to exhibit pieces in which form, function and materials must work together as successfully as possible has prompted the Riom museum to present this year a retrospective exhibition of the dreamlike and joyful work of the creator of furniture and objects, Hubert Le Gall. His skilful mixture of archetypal shapes diverted from their original function, as well as the use of materials which are the most often traditional, lend a dimension to Le Gall's work which leaves no one indifferent. For often in his work it is no longer the function that justifies the existence of the object, but rather the object that suggests how the limits of the function can be stretched, allowing the spectator to appreciate its many charms.

This talent stems from the sensibility of a self-taught artist who initially studied management and finance before deciding to turn to what he had always loved – Art.

In the 90s, Hubert Le Gall painted, sculpted and moulded. To put it simply, he learnt the ropes and integrated into his work the art of his time at a vibrant period in history when artists such as Arman, César, Les Lalanne or Jean-

Depuis plusieurs années, le musée Mandet, réputé pour ses collections de beaux-arts et d'arts décoratifs anciens et contemporains, se tient à l'affût de créateurs qui œuvrent dans les domaines croisés des arts plastiques, du design et de l'artisanat.Cette volonté de montrer des pièces dont le dialogue entre forme, fonction et matériaux se doit d'être le plus réussi possible a conduit cette année le musée de Riom à présenter une rétrospective du travail onirique et joyeux du créateur de meubles et d'objets Hubert Le Gall.

Un savant mélange de formes archétypales détournées de leurs fonctions, conjugué à l'utilisation de matériaux le plus souvent traditionnels, confère à l'œuvre de Le Gall une dimension qui ne peut laisser indifférent. Car souvent, dans ce travail, ce n'est plus la fonction qui justifie l'existence de l'objet, mais l'objet qui suggère de distendre les limites de la fonction pour nous en faire goûter les multiples attraits.

Ce talent émane de la sensibilité d'un artiste autodidacte qui, après des études de gestion et finances, décide de faire ce qui lui plait depuis toujours: de l'Art. Dans les années 90, Hubert Le Gall peint, sculpte, modèle, bref il fait ses gammes, intégrant l'art de son époque, dans une période intense où des artistes comme Arman, César, les Lalanne ou Jean-Pierre Raynaud se préoccupent de la déformation de l'objet, de sa déstructuration et de la récupération de matériaux pauvres.

Le Gall subit ces influences mais si l'idée de la récupération le séduit, il en récuse la pauvreté. C'est la forme du « rebut » qui l'intéresse : roues dentelées, pièces d'emboutissage, serrures, mais au lieu de les utiliser telles quelles, il les moule puis les réalise dans des matériaux nobles : en bronze notamment pour les intégrer dans ses meubles comme des éléments de décor, à l'instar des commodes du XVIIIe siècle.

Car il est aussi un passionné d'arts décoratifs anciens et modernes. Les civilisations grecques et romaines, les arts décoratifs de la fin du XVIIIe siècle, portés à leur apogée par la créativité et la virtuosité de ses artisans, le style Empire, mais aussi J.-E. Ruhlmann, J. Royère, A.-A. Rateau, E. Sottsass ou Ingo Maurer sont ses nombreux maîtres absolus. Ces influences le conduisent vers une production qui navigue entre l'univers de l'objet décoratif et de l'art contemporain, basé sur la qualité technique et l'inventivité mais aussi sur la mise en abime et l'humour, qui deviennent dès 1995 sa marque de fabrique. Ainsi apparaissent les premiers objets « transgressifs » : *Cheminée Ready Made de la Bourgeoise* bronze en trompe l'œil, *Vase vice-verso*, *Fauteuil Pot de fleur*, ready made du Pot de J.-P. Raynaud qu'il détourne pour lui redonner une fonction nouvelle : celle d'un siège confortable pourvu d'une assise en forme de plante verte.

C'est aussi à cette époque que Le Gall invente ses lampes *Illusion* et *Sculpture de lampe* dont la forme classique est dématérialisée, prenant à rebours le binôme forme-fonction. En inversant l'idée que c'est la fonction qui détermine la forme il se situe davantage comme un artiste : sculpteur, plasticien que comme un designer. En cela il est bien l'héritier de ces personnalités du Nouveau design italien des années 60 et 70, portées par les groupes Alchymia et Memphis, dans un esprit franchement iconoclaste et dont

Pierre Raynaud were working on deforming the object, destructuring it as well as recuperating poor materials.

Le Gall was influenced by this work but even if the idea of recuperation attracted him, he rejected the notion of poverty. It was the form of the "reject" which interested him – indented wheels, stamped parts, locks – but instead of using them as such, he moulded and produced them in precious materials such as bronze. They were then included as decorative elements in his pieces of furniture, as was the case for chests of drawers in the 18th century.

It must be stressed how passionately interested Hubert Le Gall is in ancient and contemporary decorative arts. The Greek and Roman civilizations, decorative arts at the end of the 18th century (which reached their peak through the creativity and virtuosity of their craftsmen), the Empire style, but also J. A. Ruhlmann, J. Royère, A. A. Rateau, E. Sottsass or Ingo Maurer are his absolute masters. These influences led him towards a production which went to and fro between the universe of the decorative object and contemporary art. It was rooted in technical quality and inventiveness but also in a *mise en abîme* and humour; from 1995 onwards these features became his trademark signature. And so the first "subversive" objects appeared, the *Cheminée Ready Made de la Bourgeoise,* a trompe-l'oeil bronze, the *Vase vice-verso*, the *Fauteuil pot de fleur,* a ready-made inspired by *Pot* by J. P. Raynaud that he subverted to give it a new function, that of a comfortable chair with a seat in the shape of a green plant.

It was also at this time that Le Gall invented his *Illusion* and *Sculpture de Lampe* lamps with their dematerialised classical shape which stands the concept of form and function on its head. By turning around the idea that it is

le travail reposait sur le concept d'hybridation. Concept que l'on retrouve avec ses désormais meubles-culte de la fin des années 90: *Commode pré-emballée*, dont la fonction de rangement est niée même si elle existe (les tiroirs s'ouvrent et se ferment!) avec des cordes en bronze qui semblent l'empaqueter, *Commode Anthémis* dont les fleurs en bronze, peintes et dorées, couvrent les quatre faces.

C'est en 1996, que Le Gall crée ses premières *Tables Marguerite*, en bronze patiné, avec l'idée de transposer en volume les fleurs sérigraphiées de Warhol. Ces tables présentées dès 1995 à la galerie parisienne Avant-scène feront son succès et seront déclinées en plusieurs modèles: *Poopy* (2000), *Marguebelles* (2005), *Marbizon* (2007), *Simbad* (2010), *Aubépines* (2011)... jusqu'à se fondre en ombre projetée sur un tapis conçu à cet effet. Projet poético-pictural, toujours à la frontière des beaux-arts et des arts décoratifs. Tout comme le sont la *Bibliothèque Sunset* (2000), la *Lampe Hourlampe* (2002),ou le *Lampadaire « Le rêve d'Alberto »* (1997), hommage en trois dimensions à Lichtenstein, Dubuffet et Giacometti. Les années 2000 voient se développer des créations dont la construction se fonde de plus en plus sur une transgression et un glissement formel. Ainsi avec la *Commode 1,2,3 Mouton*, et la *Console cavale*, dont les pieds en forme de pattes semblent s'incliner devant la silhouette stylisée d'un cheval au sol dans laquelle ils s'intègrent; ou encore le *Cabinet taureau*, prouesse stylistique et technique qui brouille à dessein les pistes entre l'objet fonctionnel et la statuaire. Objets désacralisés qui provoquent et font sourire et dont l'esthétique subversive n'est pas sans rappeler celle des surréalistes.

the function which determines the form, Le Gall positions himself more clearly as an artist – a sculptor or a plastic artist – than as a designer.

In this, he is indeed working within the tradition of those important figures of the Italian New Design movement of the 60s and 70s, represented by the Alchymia and Memphis groups, with their openly iconoclastic approach and work based on the concept of hybridization. This same concept is to be found in his now-famous cult furniture produced at the end of the 90s. Take, for example, *Commode pré-emballée*, whose function as storage space is denied even if it does exist (the drawers open and shut!), with its cords in bronze which seem to wrap it all up. Then there is *Commode Anthémis* covered on all four sides by painted and gilded bronze flowers.

In 1996 Le Gall created his first *Marguerite* tables in bronze with a patina; his idea was to transpose in volume the silk-screen printed flowers by Warhol. These tables were shown in 1995 in the Parisian gallery Avant-scène and were to bring Le Gall fame. Several different models were exhibited: *Poopy* (2000), *Marguebelles* (2005), *Marbizon* (2007), *Simbad* (2010), *Aubé*pines (2011) ... all of them merging together in a shadow projected onto a specially designed carpet. Le Gall's vision is both poetic and artistic and always drawing a fine line between Fine Arts and decorative arts. Works that also illustrate this are the *Bibliothèque Sunset* (2000), the *Lampe Hourloupe* (2001) or the *Lampadaire "Le rêve d'Alberto"* (1997), a three-dimensional tribute to Lichtenstein, Dubuffet and Giacometti. In the years 2000, Le Gall produced works based

Hourlampe, 2002
Bronze et résine

Console Cavale, 2000
Bronze

Homme de terrain, Hubert Le Gall fait partie de ces artistes qui, amoureux des matériaux, se servent de leurs mains, pour les triturer et les expérimenter suivant de près la fabrication. Car l'édition de ses pièces ne relève pas d'une stratégie commerciale mais d'un mode de fabrication artisanal et ponctuel. C'est lui qui les produit, soulignant que son sens du détail poussé à l'extrême n'est guère compatible avec l'industrie de série, obligée d'économiser de la matière et de simplifier les moules pour satisfaire le marché. Même s'il concède qu'il n'y a pas besoin de maitriser la technique pour être créatif, citant Royère dont le style et le geste prévalent, Le Gall revendique son goût pour les matériaux nobles, au service de techniques irréprochables, au premier rang desquels se trouve celle du bronze. Parce qu'on peut le fondre, le patiner ou le peindre mais surtout parce qu'il est le matériau par excellence de la sculpture. Si le bronze est sa base, son crayon à papier, la résine l'intéresse mais uniquement par les possibilités physiques de solidité et de

more and more on a transgression and a formal shift. This was seen in the *Commode 1,2,3 Mouton* and the *Console cavale* whose paw-shaped legs seemed to bow before the stylized silhouette of a recumbent horse on which they stood. And there was also the stylistic and technical feat of the *Cabinet taureau* which deliberately blurred the frontier between the functional object and statuary. These were deconsecrated objects which provoked a reaction and made people smile; their subversive aesthetics reminds us of that of the surrealists.

Hubert Le Gall is a man with practical experience and he belongs to that category of artists who love the feel of the materials they choose, who use their hands to fiddle around and experiment with them, artists who follow the actual making of the object step by step. It has nothing to do with a commercial strategy but rather a way of making objects reminiscent both of craftwork and the production of unique objects. He himself produces these objects and he readily admits that his extremely close attention to detail is not at all compatible with the mass-production industry which has to make savings on materials and simplify the casts so as to meet the needs of the market. Le Gall concedes that there is no need to master the technical aspects in order to be creative and he takes the example of Rovere whose style and movement take precedence over all the rest. And yet he stands by his taste for precious materials worked according to the very best techniques, bronze being the very finest of them. This is because one can melt it, give it a patina or paint it, but above all because it is sculpture's preferred material. Even if bronze is his basic tool, his pencil so to speak, resin interests him too, but solely for the physical possibilities of robustness and malleability it offers. He uses it for the structure of the *Chiffonier Igloo* and applies

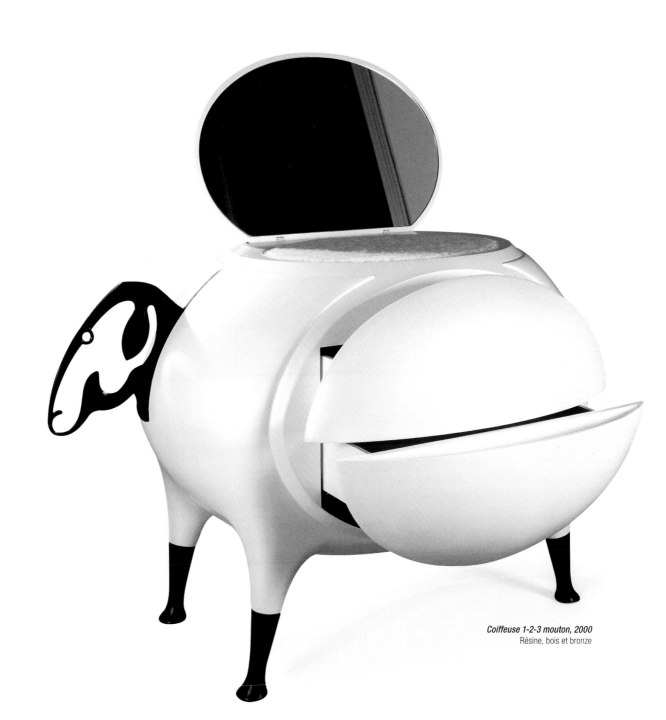

Coiffeuse 1-2-3 mouton, 2000
Résine, bois et bronze

malléabilité qu'elle apporte. Il l'utilise pour la structure du *Chiffonier Igloo*, mais applique par-dessus des laques de façon très traditionnelle à la manière de Dunan ou Arbus. Une façon d'incarner son époque tout en restant intemporel. Mais bien en amont, la création passe par le dessin puis la maquette. Au départ, il y a profusion, puis il faut aller à l'essentiel, radicaliser le propos. Ainsi pour la *Commode Ondine*, inspirée de la forme d'un serpent qui devait émerger du meuble et dont toute trace de figuration finit par disparaître, au profit de la seule forme sinueuse des poignées et des pieds. Car c'est toujours l'idée de la transposition d'une forme vers un motif basculant dans l'abstrait qui l'intéresse. Comme le fascinent les déformations de l'objet dans lequel il introduit des déséquilibres, l'harmonie pouvant dérailler et libérer des formes inattendues.

Depuis bientôt vingt-cinq ans, Hubert Le Gall prouve que l'imagination est une force qui donne forme au désir. Son œuvre semble vouloir rompre avec le diktat du bon et du mauvais goût, niant la notion de fonctionnalité qui serait l'essence de la vérité (*L'ornement est un crime*, écrivait Adolf Loos).

Dans un esprit qui ne souffre aucune limite, il admet autant l'épure du post-modernisme que le décalage et l'ironie du baroque et du post-baroque, dont il utilise les signes pour mettre au jour une nouvelle génération d'objets, fruits d'un design décomplexé qui s'ébat en toute liberté.

Chiffonnier Igloo, 2004
Résine et bois

laquers over it in a very traditional manner which reminds us of the work of Dunan or Arbus. It is his way of being a man of his times whilst remaining timeless. Well before the finished object however, the creative process starts with a drawing and then the model. At the beginning is a profusion of details and then one has to cut through to the essence and make a radical statement. In this way, the *Commode Ondine* was inspired by the shape of a snake emerging from the piece of furniture which was to lose all trace of figuration and simply become the curving shape of the handles and legs. Le Gall is always interested by the idea of transposing a shape and moving towards an abstract motif. He is fascinated too by the deformations of an object onto which he projects imbalance; he knows that harmony can go off the rails and let loose unexpected shapes.

For almost 25 years, Hubert Le Gall has proved that our imagination is a strength which makes our desires into reality. His work seems to want to break with the diktat of good and bad taste and it denies the notion that it is functionality which is the essence of truth ("*Embellishment is a crime*", wrote Adolf Loos).

In an all-embracing spirit, he endorses the pared-down style of post-modernism as much as the displacement and irony of baroque and post-baroque art. He uses its symbols to reveal a new generation of objects that owe their existence to a design with confidence in itself, a design unbound and unfettered.

Commode Ondine, 2003
Ébène de macassar et bronze doré

Le rapport de l'homme à l'objet
n'est du tout seulement de possession ou d'usage.
Non ce serait trop simple. C'est bien pire

*The relation of man to the object is not merely
one of possession or usage.
No, that would be too simple. It's much worse than that*

Francis Ponge.
Catalogue *Antagonismes 2 L'objet*,
Musée des Arts Décoratifs, 1962.

Hubert Le Gall,
les beaux objets du désir
Beautiful Objects of Desire

Dany Sautot
Historienne de l'art décoratif et du paysage

HLG makes furniture. Hubert Le Gall makes furniture and objects which tell stories. « Talking » furniture ? Yes ! But much more than that. It is as if, when you put them side by side, they are having a conversation. As if the story had neither beginning nor end and was unfolding outside of time. You would have whales, surrounded by flowerpots, looking at themselves in drops of water frozen on a wall and also panting dogs with their mouths clamped around a bone, or yet again with lips curled waiting for a sheep to fall off its pedestal so they can snap it up. Fish, too, swimming on a carpet as an impassive heron looks on.

Stop ! This image was gleaned in the studio, but we are talking first and foremost of furniture and objects. Armchairs, mirrors, occasional tables and lighting, to be precise.

Hubert Le Gall fait des meubles. Hubert Le Gall fait des meubles et des objets qui racontent des histoires. Des meubles « parlants[1] » ? Oui ! Mais davantage encore. Comme si, mis bout à bout, ils dialoguaient entre eux. Comme si l'histoire n'avait ni début ni fin, qu'elle se déroulait en dehors du temps. Il y aurait des baleines, entourées de pots de fleurs, qui se regarderaient dans des gouttes d'eau figées sur un mur et aussi des chiens, la gueule haletante refermée sur un os, ou encore babines retroussées attendant qu'une brebis tombe de son piédestal pour la croquer. Et aussi des poissons nageant sur un tapis sous l'œil impassible d'un héron.
Stop ! Cette image a été saisie dans l'atelier mais il s'agit d'abord de meubles et d'objets. De fauteuils, de miroirs, de guéridons et de luminaires dans ce cas précis.

1. Cf. Emile Gallé.

15

Tout de même cela n'est pas très sérieux…
Et pour quelle raison le design devrait-il être sérieux ?

Eh bien, parce qu'avant que le terme de design n'existe, les meubles, les objets répondaient à une certaine facture. *Facture ? Le prix à payer !* Oui, mais pas seulement. Plutôt un savoir-faire. L'ébénisterie, la marqueterie, le travail du bronze, laquer, dorer à la feuille, tourner le bois, patiner, polir… toutes ces opérations qui distingueraient le beau meuble, le bel objet de l'ordinaire. *Et cela aurait donc un prix. Une facture !*

NOTA BENE 1. *Les meubles et objets d'Hubert ne seraient pas sérieux mais ils sont clairement dotés d'une belle facture. Et pour le coup, des plus sérieuses, chacune de ses créations convoquant et provoquant la « façon ». L'art de fabriquer.*

Un éclectisme revendiqué. Pêle-mêle, Hubert avoue une fascination pour le XVIIIᵉ siècle français, pour les objets retrouvés dans les fouilles de Pompéi, les fantaisies artistiques en vogue sous différentes dynasties chinoises ou encore les prismes de l'art cinétique. Il se nourrit tout aussi bien de l'hyper nature de l'Art Nouveau que de l'art total prôné par les Anglais de l'*Arts and Crafts* dans le sillage d'Edward Burne-Jones et de William Morris, sans dédaigner les formes épurées de l'Art Déco, la conceptualisation des *ready made* de Warhol ou encore l'art jubilatoire des Memphis… Et aussi, les objets surprenants, glanés par hasard, lors des petits matins passés aux Puces de Vanves ou de Clignancourt. À cet inventaire désordonné, il convient d'ajouter un univers imagé qui ferait se côtoyer les frères Grimm et Lewis Carroll en passant par Walt Disney revisité, parfois, par le Marquis de Sade et les Surréalistes.

All this seems rather futile…
And why should design be a serious matter, I ask you ?

Because before the term design existed, furniture and objects were made according to certain stipulations. Artistic or financial stipulations ? Are we talking of skilful or costly craftmanship ? A price to pay ! Yes, but not just that. More of a skill. Cabinet-making, marquetry, bronze work, laquer, gold leaf, woodturning, patinating, polishing… all those skills that distinguish the beautiful piece of furniture and the beautiful object from ordinary things. And so all that has a price. A price to pay …and a skill to display.

NOTA BENE 1 : *Hubert's furniture and objects are not serious therefore, but they are clearly very skilfully made. And that is what makes them very serious indeed, each of his creations calling up and leading to the "making-of". The art of making.*

Acknowledged eclecticism. Hubert clearly states his fascination with, in no particular order, the French 18th century, the objects found when Pompeii was uncovered, the artistic fantasies in fashion under different Chinese dynasties or, yet again, the prisms of kinetic art. His creativity is fed by the hyper-nature of Art Nouveau, by the total art defended by the English artists of the Arts and Crafts movement in the tradition of Edward Burne-Jones and William Morris, without forgetting the pared-down shapes of Art Déco, the conceptualization of Warhol's *ready-mades* or the jubilatory art of the Memphis… And the surprising objects he finds by chance when rooting through the stands in the early morning at the Puces de Vanves or Clignacourt. We must add to this disorganized inventory a universe in pictures where the Grimm brothers and Lewis Carroll stand side by side, without forgetting a Walt Disney subverted at times by the Marquis de Sade and the Surrealists.

2002. Quarante ans. Avec la maturité, il ose donner corps à un fantasme. Un meuble qui le raconte, qui résume son histoire et ses goûts. Ce sera le « cabinet taureau ». La représentation zoomorphe qu'il avait abordée avec la « cheminée girafe » de son atelier devient lyrique. Noir et or en hommage au mobilier Boulle, l'animal incarne le prétexte du meuble. Emprunt au mobilier antiquisant, les quatre pieds sabots bien d'aplomb lui communiquent une attitude figée aussitôt contrebalancée par le flot de ses entrailles déclinées dans l'or recouvrant le bronze patiné noir ; or révélé tel un feu couvant à l'intérieur de la tête aux contours de masque. Meuble ? Sculpture ? La réponse demeure et peut-être appartient-elle à celui qui s'en est rendu acquéreur.

2002. Forty years. As he became more and more experienced an artist, he rose to the challenge of embodying a fantasy. If we had to choose one piece that sums up his story and his tastes it would have to be *Cabinet taureau*. The zoomorphic representation he had initiated with the *Cheminée girafe* in his studio became lyrical. Black and white as in a tribute to Boulle furniture and with the animal embodying the pretext of the piece. Consciously borrowing from antiques-inspired furniture, Le Gall created four, very upright hoofed feet which lend it a fixed attitude set off by the flow of the animal's innards all in gold covering the black patinated bronze. The gold resembles a fire smoldering inside the mask-like head. Is it a piece of furniture ? A sculpture ? If there <u>is</u> a reply, it is perhaps for the collector who bought it to give.

Cheminée « Girafe » dans l'atelier

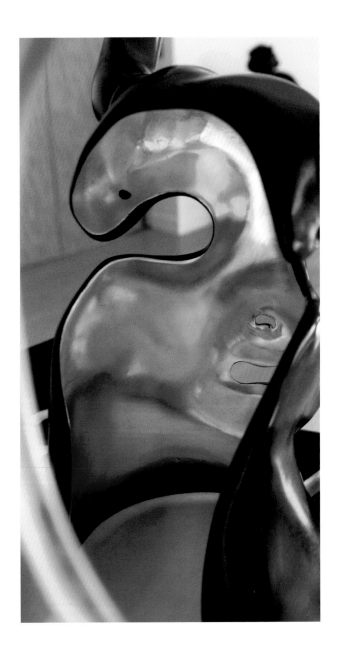

Fonction | Forme. L'engagement d'Hubert dans la création de mobilier et d'objets décoratifs semble procéder d'une intention double. Au-delà de la réalisation finale, il pose toujours et toujours la question du sens. Du sens de l'objet, de sa fonction et de sa forme. Le lexique utilisé à l'atelier suit un alphabet des plus explicites. « A » pour « Applique », « Armoires » jusqu'à « V » pour « Vases » tel un catalogue énonçant l'ensemble d'une production de mobilier et d'objets, qui ne laisse rien transparaître d'une intention autre que celle de l'usage auquel chacun de ces mots renvoie. Ce serait donc la seule forme qui révèlerait le sens de l'objet. Une investigation du côté d'une série de lampes réalisées entre 1997 et 2002, éclaire ce rapport subjectif entre fonction et forme abordé par le créateur. Pour chacune de ces lampes, Hubert a repris l'archétype de la potiche montée en lampe.

Function/Form. Hubert's involvement in the creation of furniture and decorative objects seems to stem from a twofold intention. Above and beyond the final realization, he asks again and again the question of meaning. That of the object, of its function and its form. The lexis used in his studio follows a very explicit alphabet. A for "Applique", "Armoires", up till V for "Vases", just as if he were writing a catalogue setting out the whole of an artist's production of furniture and objects, giving no clue as to his intentions other than the use to which each term refers. It is then the form alone which reveals the meaning of the object. If one examines a series of lamps produced between 1997 and 2001, this subjective relation between function and form intended by the creator appears quite clearly. For each of these lamps, Hubert reworked the archetype of the rounded vase transformed into a lamp.

Cabinet « Taureau », 2002.
Bronze

Ci-contre : détail de la tête du taureau

De l'autre côté du miroir. Première de cette série, la lampe « Illusion » (1997) est évoquée par la découpe de sa silhouette, appliquée sur du métal poli réfléchissant. « Illusion » révèle ainsi à son propriétaire sa propre image pour lui signifier qu'il a acheté une lampe, non pas uniquement pour s'éclairer, mais aussi pour ce qu'elle suggère. Ici, la personnalité de son acquéreur. Une lampe qui résume toutes les lampes à travers le geste, jamais innocent, de choisir. Le code plastique attire, rassure, raconte l'humain confronté à l'objet. Alors oui, la lampe répond à une fonction – éclairer – mais davantage encore à un univers intime, social et symbolique. Les lampes « Spectre » et « Sculpture de lampe » (1997) reprennent cette forme en la dotant de jeux de trompe-l'œil où l'objet, s'il conserve sa fonction éclairante, explore de nouvelles pistes quant à sa valeur représentative pour mieux se perdre dans les méandres de la désignation: sculpture ? art décoratif ? objet usuel ? Une question récurrente qui revient au cours des années suivantes avec cette même forme appliquée à « Géode » (2002).

On the other side of the looking glass. The first of this series, the "*Illusion*" lamp (1997), is evoked by its cut-out silhouette applied onto reflecting polished metal. "*Illusion*" thus reveals his own image to its owner so as to tell him that he has bought a lamp not only to provide light but also for what it suggests. Which is, here, the personality of its owner. It is a lamp which sums up all other lamps through the act – always significant - of choosing. The code of form attracts us, reassures and tells the story of mankind confronted with objects. So yes, the lamp does have a function – that of shedding light – but also belongs to an intimate, social and symbolical universe. The "*Spectre*" and "*Sculpture de lampe*" lamps (1997) go back to this form and add trompe-l'oeil features to the object which, whilst keeping its lighting function, explores new avenues in terms of its representative value, ending up losing its way in the meanders of designation: is it sculpture ? decorative arts ? an everyday object ? This question is often posed in subsequent years with the same form used for "*Géode*" (2001).

Lampe « Géode » 2001.
Bronze patiné, dorure.

Lampe Illusion, 1997
Aluminium nickelé

Sacralisation de l'objet. À ses débuts, Hubert s'étonne quand beaucoup de ses confrères designers se lancent dans la conception de pièces uniques. Un chemin à l'inverse de celui pris par des artistes succombant à la création d'objets. Le point de rencontre entre ces deux trajectoires étant matérialisé par un retour à l'objet de vitrine. Ces démarches lui inspirent alors le « Vase vitrine » (2000) où le vase posé sur un piédestal est enfermé dans une structure suggérant la présence de parois. Le statut de l'objet, privé de sa fonction initiale, renvoie ici à la fierté éprouvée de posséder une pièce unique. Un privilège qui ne se partage pas. Ce sentiment gagne en puissance dès lors que l'objet est proposé en vente publique et que les enchérisseurs se rassurent quant à leur choix en n'étant pas les seuls à manifester leur désir vis-à-vis de cet objet. La question demeure de savoir ce qui fait le statut de l'objet. La vitrine ? Son prix ?

The sanctification of the object. When he started out, Hubert was surprised to see so many of his fellow artists beginning to make one-off pieces. It seemed to be the opposite path to that taken by artists turning to the production of objects. The meeting point of the two paths was materialized by a return to the object in the glass cabinet. This approach inspired his "Vase vitrine" (2000) where the vase placed on a pedestal is enclosed in a structure that suggests the presence of partitions. The status of the object, which has lost its initial function, is linked to the pride one feels to own a unique piece of art. This is a privilege one does not share. This feeling is deepened if the object is put up for sale in a public auction; those who bid for it are reassured as to their choice when they see they are not the only ones who want to own it. A question remains: to what is the status of the object attributable? The glass cabinet? Its price?

Désacralisation de l'œuvre d'art. Hubert aime emprunter au monde de l'art. Il peut s'amuser à coller un usage à une œuvre, précisément quand l'artiste lui en a retiré toute fonction « utilitaire ». Quand il s'inspire du pot de fleurs de Jean-Pierre Raynaud, non seulement il y rajoute une plante, mais il l'ouvre pour le transformer en deux fauteuils (1996). Cette grande liberté qu'il prend à convertir des œuvres d'art en objets fonctionnels tient du clin d'œil souriant, de l'hommage envers certaines icônes de l'art contemporain et surtout du statut pris par leurs créations. Comme s'il lui fallait libérer l'œuvre du carcan imposé par le marché de l'art. Comme si l'œuvre dotée d'une fonction totalement anachronique, suscitait un nouveau regard dans lequel elle se prolongerait. C'était osé de transposer *Sunset* de Roy Lichtenstein en bibliothèque (2000), mais le passage de cette image influencée par la BD au meuble semble en raviver la lecture. De même, il est inutile de chercher une âme de jardinier ou d'amoureux des fleurs dans la série des tables « Marguerite » débutée en 1996, et dont l'inspiration doit davantage aux *Flowers* d'Andy Warhol qu'à l'observation de la nature. Des fleurs qui, entrant dans une troisième dimension, deviennent fonctionnelles en intégrant le monde usuel.

NOTA BENE 2. *Hubert s'ingénie à vouloir appliquer une fonction à un regard d'artiste. Pourquoi ne se contente-t-il pas de faire des meubles qui laissent en paix les œuvres d'artistes ? Ou pourquoi n'a-t-il pas choisi d'être lui même un artiste, sans se mêler de faire des meubles ? Cette double question appelle une réponse paradoxale car il s'agit bien du choix délibéré de ne pas avoir à choisir. D'échapper ainsi à toute sorte de diktat.*

« Vase vitrine » 2000.
Bronze doré.

Marguerite, 1996.
Bronze doré et résine

Desacralizing the work of art. Hubert likes borrowing from the world of art. He enjoys sticking a usage onto an object precisely when the artist had stripped it of any "utilitarian" function. When he is inspired by Jean-Pierre Raynaud's flowerpot, not only does he add a plant but he also opens it up and transforms it into two armchairs (1996). The great freedoms he takes converting works of art into functional objects is like a wink and a nudge or a tribute he pays to certain icons of contemporary art and, above all, the status their creations have attained. It is as if he felt obliged to free the work of art from the constraints imposed by the art market; as if by lending the work a totally anachronistic function he made us look at it in a different light and enriched it. It was a daring feat to transpose Roy Lichtenstein's *Sunset* into a bookcase (2000), but the shift of this comic-strip inspired picture into a piece of furniture lets us see it anew. In the same way, there is no use looking for the soul of a gardener or a lover of flowers in the series of "*Marguerite*" tables he started in 1996, the inspiration for which owes more to Andy Warhol's "*Flowers*" than to a close observation of nature. His flowers enter a third dimension and, in this way, become functional by integrating the everyday world.

NOTA BENE 2. *Hubert takes great pains to apply a function to an artist's vision. Why is he not satisfied making furniture that leaves artists' work in peace? Why has he not chosen to be an artist himself without getting mixed up in designing furniture? This twofold question leads to a paradoxical reply, for we are dealing here with a deliberate choice not to have to choose. In this way, he escapes any sort of diktat.*

Drôles d'animaux. L'histoire de la lampe «Mon Yéti» (2005) livre certains détails pour suivre le processus créatif au terme duquel, une lampe peut se métamorphoser en animal fantastique. Au départ: une lampe. Laquelle, selon son créateur, ressemblait à une banale lampe de notaire. Une fois recouverte de fourrure, la lampe restait une lampe, mais avec l'ajout de deux cornes et d'une queue, elle a commencé à s'animer. Il ne manquait qu'une chaîne pour la retenir au mur et susciter un sentiment mitigé entre attirance et répulsion devant l'apparition d'un animal sorti d'une fable surréaliste. Ces jeux de transposition permettent fréquemment à Hubert de quitter le monde réel pour s'échapper dans un imaginaire empreint d'humour et de fantasmes, colporté au gré de rencontres animales oniriques. Comment ne pas sourire devant le bougeoir «Ronde de nuit» (2005) et la mise en scène des trois chiens levant la patte pour maintenir la bougie en place ou encore devant les acrobaties clownesques de ses lapins que ce soit pour le chandelier «Lucien le magicien» (2012), «Odilon» ou encore «Olympia» (2013). Quant au chien «Pif Paf le Fakir» (2012), le prétexte du maintien de la bougie en place défie les bonnes mœurs. Mieux vaut rester dans le monde animal au regard de «Youyou sous les étoiles» (2007), petit homme coincé dans sa trop petite maison sous la voûte céleste d'un guéridon ou encore devant les yeux percés par des bougies pour «Mirette» (2012).

Strange animals. The story behind the « *Mon Yéti* » lamp contains details enabling us to follow the creative process that ultimately leads the artist to transform a lamp into a fantastical animal. At the beginning was the lamp. According to its creator, it looked like a very ordinary notary's lamp. Once it had been covered in fur, the lamp remained a lamp, but with the addition of two horns and a tail it began to take on an animated aspect. The only thing missing was a chain to attach it to the wall and create a feeling of both attraction and repulsion before an animal right out of a surrealist fable. These games of transposition often enable Hubert to flee the real world and to escape into an imaginary dimension of humour and fantasy, a dimension fed by encounters with dreamlike animals. How can one not smile in front of the "*Ronde de Nuit*" candlestick (2005) and the portrayal of three dogs cocking their legs to keep the candle in place? Or when one sees the clownlike acrobatics of the rabbits in the "*Lucien le magicien*" (2012), "*Odilon*" or "*Olympia*" (2013) candelabra? As for the "*Pif Paf le Fakir*" dog (2012), the pretext used to keep the candle in place is one you could not mention in polite society! We would be advised to stay in the animal world in "*Youyou sous les étoiles*" (2007), a little man trapped in a house too small for him under the starry dome of an occasional table or yet again the eyes pierced by candles in "*Mirette*" (2012).

Guéridon Sous les étoiles, 2007
Bronze patiné

Sortir des schémas. En 1996, la sculpture « Cheminée *ready made* de la bourgeoise » mettait en scène l'image convenue de la cheminée « louis-quinzeuse » avec, sur sa tablette, deux chandeliers et deux vases fichés chacun d'un bouquet de fleurs, l'ensemble étant disposé en symétrie de part et d'autre de l'incontournable pendule. Un scénario habituel selon lequel le dessus d'un meuble facilement accessible appellerait « naturellement » une exposition d'objets allant des cadres de photos aux vases en passant par des bougeoirs et autres vide-poches. Comme si le meuble, outre sa fonction initiale, devenait le prétexte à un geste décoratif obligatoire. Un cliché mis à mal par Hubert quand il propose une commode « Pré-emballée » (1997) au dessus hérissé par un champ de fleurs en bronze ou encore la commode « Whisky » (2012) recouverte de bois taillé en « pointe diamant » à la façon du cristal, l'une comme l'autre interdisant la pose de tout objet.

Off the beaten track In 1996, the sculpture « *Cheminée ready made de la bourgeoise* » presented a conventional view of the mock "louis quinze" fireplace. With two candelabra and two vases with bouquets of flowers in them on the mantelpiece. The whole piece was placed in symmetry on either side of the "absolute must" clock. This is a usual scenario according to which the top part of a piece of furniture calls quite "naturally" for objects to be exhibited, from photo frames to vases without forgetting candleholders and small trays. It is as if the piece kept its original function and also furnished the pretext for an inevitable decorative gesture. This cliché was manhandled by Hubert when he produced the "*Pré-emballée*" chest of drawers (1997) with a spiky bronze flower meadow sticking up out of the top part, or the "*Whisky*" chest of drawers (2012) covered with wood sculpted in "*diamond-point*" like cristal. In both cases, the covering meant that no object could be placed on top.

Commode «Pré-emballée» 1997.
Bois laqué et gravé, bronze émaillé pour les fleurs,
bronze doré pour les cordages.

Cache-cache. La commode « Pré-emballée » citée précédemment, semble également interdire l'accès à ses tiroirs en étant ficelée par des cordages en bronze. En 1997, Hubert récidive avec la commode « Anthémis » qu'il insère dans un buisson fleuri, dissimulant totalement ses tiroirs. Une impression d'inaccessibilité renforcée par le fait que l'arrière de la commode est également pris dans ce buisson à première vue impénétrable. Une façon de dire que la commode perd son statut, en quittant le mur pour gagner le centre de la pièce, sans ne rien dévoiler de sa fonction. Un jeu de trompe-l'œil qui se manifeste aussi par le traitement des matériaux. Le bronze des fleurs est peint comme une sérigraphie, puis ratissé comme une gravure pour, au final prendre l'aspect de carton. Une transposition des matériaux qui va jusqu'à recouvrir de laque précieuse le médium comme s'il s'agissait de bois. Plus récemment, la commode « Palmyre » (2012) semble avoir été placée sous scellés, la poignée de ses tiroirs étant barrée par des rubans de bronze argenté, prévenant ainsi toute effraction

Hide-and-seek. The « *Pré-emballée* » chest of drawers we have just mentioned also seems to prevent you opening its drawers since it is tied up in bronze cords. In 1997, Hubert did something similar with "*Anthémis*" which he inserted into a flowering bush, thus completely hiding its drawers. This impression of inaccessibility is reinforced by the back of the piece also being set into this apparently impenetrable bush. It is another way of saying that the chest of drawers has lost its status by leaving the wall and coming to stand in the middle of the room without revealing anything of its function. This game of trompe-l'oeil is also apparent in the treatment of the materials. The bronze of the flowers is painted as in silk-screen, then combed as for a engraving and ends up with the aspect of cardboard. We have here a subversion of materials which goes as far as to cover the medium with precious laquer as if one were dealing with wood. More recently, the "*Palmyre*" chest of drawers (2012) seems to have been sealed off and the handles of its drawers are blocked by silver-plated bronze ribbons as if to prevent them from being broken into.

NOTA BENE 4. *Mais pourquoi cacher le sens des objets ? Hubert bouscule les archétypes. En sortant son mobilier des conventions établies, il en chahute la perception. Trublion des idées reçues, il alerte le regard avec ses objets « non identifiés ». L'étonnement qu'il suscite déplace l'objet d'un contexte anodin pour gagner l'univers du sensible. Au final : concevoir des objets pour éveiller le désir.*

NOTA BENE 4. *But why hide the meaning of objects ? Hubert turns archetypes upside down. By placing his furniture outside established conventions, he changes our perception of it radically. He is a troublemaker when it comes to received ideas and with his "unidentified" objects he makes us look more closely at things. The surprise he creates removes the object from its commonplace context and places it firmly in the universe of emotions. In the end, Hubert can be said to design objects to kindle our desire.*

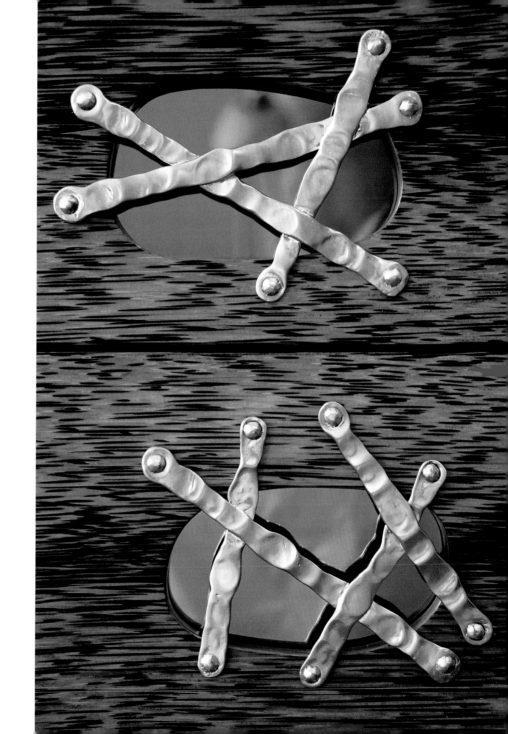

Détail des poignées de la commode Palmyre, 2012.
Bronze argenté et miroir corail.

En équilibre sur la brèche. Tout bien considéré, les créations d'Hubert relèvent d'une fantaisie peu courante dans le monde du design contemporain. Le terme « farfelu » pouvant même qualifier une inspiration débordante qui l'amène parfois à la lisière d'un humour menaçant d'outrepasser l'intention première du meuble ou de l'objet. Sans doute se rassure-t-il et se sent-il moins seul à la vue de certaines œuvres, dont bien sûr celles de François-Rupert Carabin, croisées dans les allées du musée d'Orsay. Mais que dire de la lampe « Saute-Loups » (2012) montrant une brebis de fourrure, perchée sur quatre longues cannes dorées à la feuille pour enjamber dédaigneusement une meute de loups ? Ou encore de la lampe « Spot-Dog » (2012) dont le néon tel un bâton est rapporté dans la gueule d'un toutou jouant avec son maître ? Or ces objets intègrent les salons et non les chambres d'enfants. La gageure, parfaitement soutenue par Hubert, de ne pas tomber dans le gadget réside dans l'équilibre qu'il tient entre son humour parfois débridé et la fameuse facture évoquée. Le choix de matériaux nobles, travaillés avec toute la maîtrise d'un artisanat d'art, ici le bronze, la dorure, mais aussi le bois, la laque, l'acier... métamorphose l'objet, suffisamment décalé pour dire l'originalité de son amateur, suffisamment luxueux pour être montré. Et surtout tellement cohérent avec l'univers de son créateur

On a tightrope. All things considered, Hubert's creations stem from very unusual fantasies in the world of contemporary design. The term "crazy" could even be used here to describe his overflowing inspiration which sometimes leads him right up to the frontiers of humour and threatens to go beyond the initial intention of the piece of furniture or object. He is doubtless reassured and feels less lonely when he sees certain works such as those by François-Rupert Carabin exhibited in the Musée d'Orsay. But what can one possible say about the "*Saute-Loups*" lamp (2012) with its furry sheep perched on four long sticks leafed with gold to help it step haughtily over a pack of wolves? Or the "*Spot-Dog*" lamp (2012) with its neon light brought back to its master in the mouth of a small dog, just like a stick? For these objects are intended to decorate a drawing-room and not a child's bedroom. The challenge Hubert rises to in not creating a mere gadget lies in the balance he maintains between his sometimes unfettered sense of humour and the famous skilled craftmanship we talked about earlier. His choice of precious materials, used with all the mastery of an artist craftsman, bronze, gold leaf, but also wood, laquer, steel...transforms the object which becomes quirky enough to show how original its creator is and luxurious enough to be exhibited. And, of course, his choices are in total keeping with the creator's universe.

NOTA BENE 5. Hubert pratique donc un design décomplexé. Rien ne l'arrête. Boulimique, il se nourrit de tout, dès lors qu'il y a une histoire à la clé. *Comment ? Pourquoi ? Pour qui ? Où ?* Et son regard pétille à l'idée de ces choses – ces meubles et ces objets – qu'il va faire naître dans l'atelier, au bout de ses doigts et de ceux de ses deux fidèles assistants. « J'ai besoin de six mains, d'autant qu'elles vont toujours plus loin que le cerveau » reconnaît-il volontiers.

NOTA BENE 5. *Hubert has no hang-ups when it comes to designing. Nothing stops him. Ever hungry, he feeds on everything and anything, just as long as there is a story hanging into the bargain. How? Why? For whom? Where? And his eyes twinkle as he thinks of all those things – the furniture and the objects- he is going to produce in his studio, with his fingers and those of his two faithful assistants. "I need six hands – especially since our hands always go further than our brains", he readily acknowledges.*

Lampe « Saute-Loups » 2012.
Bronze patiné et doré à la feuille et fourrure.

Pirouettes. La mode. Aux yeux d'Hubert, une tentatrice qui vend du mensonge. Reine de la déco, elle a ses adeptes qui lui tressent des branches de métal ornées de papillons et de petites fleurs qu'ils (et elles) collent partout pour végétaliser le piètement d'une table, le pourtour d'un miroir, un pied de lampe. Du végétal dégoulinant et commercial, dans l'air du temps.

Que faire de cette branche ? De ce mensonge de décoration ? Pinocchio ! Ainsi est apparu ce nouveau personnage dans l'univers d'Hubert. Dissimulant une scie derrière son dos, le facétieux petit garçon s'est débarrassé de son nez encombrant pour le ficher dans une console à son nom (2012) avant d'y dissimuler les leds d'un lampadaire.

Post-scriptum. Pour les initiés, la ressemblance entre Pinocchio et le petit personnage de Jean Mineur Publicités qui annonçait les réclames sur les écrans de cinéma n'aurait rien de fortuit et signalerait un autoportrait d'Hubert.

Pirouettes. Fashion. As far as Hubert is concerned, fashion is a lie-peddling temptress. It is the queen of decoration, and fashion has its followers who plait metal branches adorned with butterflies and tiny flowers that they stick everywhere to give a plantlike appearance to a table top, around a mirror or at the foot of a lamp. A commercial trail of plant-life at the height of fashion dripping everywhere.

What are we to do with that branch ? With this fashion mascarading as decoration ? Pinochio ! And that is how a new character made his appearance in Hubert's universe. Hiding a saw behind his back, the mischievous little boy got rid of his cumbersome nose and stuck it in a chest of drawers that carried his name (2012) before hiding the bulb of a standard lamp in it.

Post-scriptum. For those in the know, the resemblance between Pinocchio and the little man in the Jean Mineur publicity that opens the sequence of adverts on cinema screens is quite intentional and is in fact a self-portrait by Hubert.

Il nous faut donc choisir des objets véritables, objectant indéfiniment à nos désirs.
Des objets que nous rechoisissions chaque jour, et non comme notre décor,
notre cadre ; plutôt comme nos spectateurs, nos juges ; pour n'en être, bien sûr,
ni les danseurs, ni les pitres...

We must therefore choose real objects, ceaselessly objecting to our desires.
Objects we choose again every day, and not like our décor or our setting ;
but more like our spectators or our judges ; so that we end up neither as dancers, nor as fools

Francis Ponge. *op. cit.*

Console Pinocchio, 2013
Acier laqué, bronze doré

Fauteuil Baleine, 2004
Mousse et velours

Designing dreams

Dominique Forest

Conservateur au musée des Arts décoratifs de Paris.

Designing Dreams. This title, which was borrowed from a book on 1930s' cinema film sets, sums up Hubert Le Gall's work perfectly. It evokes for me the opulence and dreams of a society with neither worries nor taboos. When you discover the work of Hubert Le Gall, it feels a bit like wandering behind the scenes and onto the sets of a Cecil B. DeMille film. The shapes are unconventional, the proportions generous and the materials luxurious, and yet the pieces are familiar to us and functional. This is perhaps one of the keys to his talent : the shift from a dreamlike universe to the real world. His works are playful and always have a feel of childhood and dreams about them. His greatest success, the *Marguerite* table, is perfectly balanced in shape, timeless in its choice of material - bronze — and above all has the archetypal aspect of flower furniture. If his objects move us, it is because they evoke other objects. As with Lewis Caroll or Théodore Granville, his objects seem to be « alive » and there is nothing more reassuring than the *Baleine* armchair or the *Flac* or *Marguerite* tables ! With a pinch of dreaming and a touch of precious and perfectly mastered techniques, the synthesis is achieved. And yet Hubert Le Gall is inspired less by the dreamlike universe of these writers of the 19th century or by the surrealism of Salvador Dali whose name springs immediately to mind, than by the works of artists of the second half of the 20th century.

Designing dreams. Ce titre, emprunté à un livre sur les décors dans le cinéma des années trente, est pour moi celui qui s'applique le mieux au travail d'Hubert Le Gall. Il évoque l'opulence et les rêves d'une société sans soucis et sans tabou. Découvrir l'œuvre d'Hubert Le Gall c'est un peu se plonger dans les coulisses et les décors d'un film de Cecil B. DeMille. Les formes y sont fantaisistes, les proportions généreuses, les matériaux luxueux et pourtant les pièces restent familières et fonctionnelles. C'est peut être là une des clefs de son talent : le passage d'un univers onirique à un univers réel. Ludiques, ses pièces gardent toujours un goût d'enfance et de rêve. La table *Marguerite* – son plus grand succès – conserve un juste équilibre dans ses formes, un aspect intemporel par son matériau, le bronze, et surtout le côté archétypal du mobilier fleur. Si ces objets nous touchent, c'est qu'ils en évoquent d'autres. Comme chez Lewis Caroll ou Théodore Granville, ses objets semblent « animés » et quoi de plus rassurant que le fauteuil *Baleine* ou encore les tables *Flac* ou *Marguerite* ! Avec une pincée de rêve et un soupçon de techniques précieuses et maîtrisées, la synthèse est au rendez-vous. Pourtant, Hubert Le Gall puise moins dans l'univers onirique des écrivains du XIXe siècle ou dans celui, surréaliste, de Salvador Dali qui vient immédiatement à l'esprit, que dans les œuvres des plasticiens de la deuxième moitié du XXe siècle.

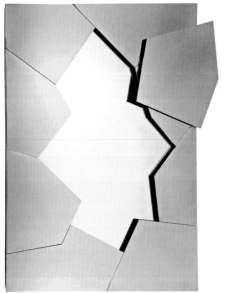

Miroir Dorian, 2013
Métal doré, miroir et aimants

Autodidacte, mais passionné par la peinture moderne et contemporaine, il s'enthousiasme très tôt pour l'art cinétique sur le stand de Denise René à la FIAC. Son travail trouve ainsi, souvent, ses racines chez ceux qui introduisent mouvement et hasard dans leur œuvre. Dans la table *Frissons*, par exemple, les billes nickelées mobiles modifient sans cesse l'aspect du plateau. Autre référence revendiquée, celles des peintres américains du Pop Art. Les fleurs des tables *Marguerite* sont puisées chez Andy Warhol, les motifs de la bibliothèque *Sunset* chez Roy Lichtenstein. Plus étonnant, son fauteuil *Sansévieria*, en forme de plante dans un pot de fleurs coupé en deux, veut, de façon inattendue, transformer un pot de fleurs en siège. Dans son travail Hubert Le Gall revendique autant l'approche plastique que la recherche de fonctionnalité des pièces aux typologies variées. Ceci dit, il aime détourner ses découvertes et enthousiasmes artistiques. Son vase *Vice verso* joue sur la fusion contenant/contenu et ce vase double peut reposer aussi bien sur le bouquet que sur le pot. Jubilation et détournement également dans le tapis *Ombre* où les fleurs de la table *Marguerite* apparaissent .

Mais, surtout, il aime les techniques raffinées, les bronzes patinés, les laques, les applications à la feuille d'or. L'air de ne pas y toucher, il est, de fait, très exigeant sur les finitions, le respect des proportions, la qualité des matériaux. Le meilleur de son travail est là comme le miroir *Dorian*, en aluminium doré, puzzle subtil et impeccable de proportion ou encore dans les appliques faites à la demande de l'orfèvre Odiot, qui réinterprètent les plaques de lumière du XVIIe siècle hollandais.

Le Gall is self-taught and passionately fond of modern and contemporary painting. Very early on in his career he discovered with enthusiasm Denise René's kinetic art at the FIAC. His pieces very often trace their roots back to the work of artists who introduce movement and chance into their creations. In the *Frissons* table, for example, the mobile, nickel-plated bearings continuously modify the aspect of the table top. Another influence that Le Gall acknowledges is that of the American artists of the Pop Art movement. The flowers on the *Marguerite* table are influenced by Andy Warhol, the motifs used in the *Sunset* bookcase by Roy Lichtenstein. More surprising still, his *Sansévieria* armchair, shaped like a plant in a flowerpot split in two, sets out unexpectedly to transform a flowerpot into a seat. In his work, Hubert Le Gall lays claim to an artistic approach just as much as the functionality of different types of pieces. This said, he is fond of subverting his artistic discoveries and predilections. His *Vice verso* vase plays with the idea of the fusion between container and content and this double vase can stand both on the bouquet and on the pot. We find jubilation and distortion yet again in the *Ombre* carpet where the flowers of the *Marguerite* table appear. Above all, he loves using sophisticated techniques, bronze with a patina, laquers, gold leaf applications.

Though you would never think it, Le Gall is in fact extremely demanding as to the finishes, the respect of proportions and the quality of the materials he uses. This is where we find the best of his work, as in the *Dorian* mirror in gilded aluminium, a subtle jigsaw of impeccable proportions. Or yet again in the wall lamps made by special request for the goldsmith Odiot which are a reinterpretation of the light plates of 17th century Holland.

Under family pressure, Le Gall first trained as an accountant

Formé à la comptabilité pour satisfaire à la pression familiale, Hubert Le Gall va très vite se tourner vers la peinture mais, à cette première incursion dans un domaine artistique, va bientôt succéder ce qui le passionne durablement depuis deux décennies : les objets et le mobilier. Lorsqu'il s'essaie pour la première fois à la création de mobilier avec la réalisation d'une salle à manger, l'impulsion lui vient d'une exposition au château de Bagatelle sur le style le moins classique du XIXe siècle : le style Biedermeier. Biedermeier comme déclic ! Mais oui ! Il fallait y penser. Ce mélange de matériaux raffinés et de formes opulentes. Il fallait oser revisiter ce style singulier et alors assez méconnu en France. Cet autodidacte va aussi croiser des personnalités qui enrichissent son regard et lui permettent de se former « sur le tas ». Dans les années 1980, Jacques Garcia lui fait découvrir autant le mobilier de Marie-Antoinette que les cabinets de curiosité. Aimant se cultiver par ses voyages ou la fréquentation des galeristes, il s'enthousiasme pour l'art de Pompéi ou encore pour le mobilier aussi atypique que raffiné d'Armand Albert Rateau. La galeriste Maria de Beyrie, si prompte à dénicher l'avant-garde, lui fait, quant à elle, découvrir le meilleur du modernisme tout autant que les créateurs atypiques du XXe siècle.

Plus tard, Sylvain Bellenger, alors directeur du château de Blois, lui demande en 1996 de réaliser la scénographie de l'exposition *Félix Duban, les couleurs de l'architecte*. Cette première scénographie sur une personnalité à la fois architecte et décorateur est pour lui une formidable éclaircie. Coup d'essai réussi et conforté par une deuxième scénographie au château de Blois pour l'exposition *Auguste Préault*. Cette scénographie très remarquée l'amène ensuite à enchaîner les scénographies d'expositions pour le

and very quickly turned to painting. Very quickly too, after this first incursion into the artistic field, came what has been his passion over two decades : objects and furniture. When he first tried creating furniture for a dining-room he was designing, he was inspired by an exhibition at the Château de Bagatelle dedicated to the least classical style of the 19th century – the Biedermeier style. Inspired by Biedermeier ! True ! Who would have thought it ? This mixture of refined materials and opulent shapes was little known at that time in France and it took quite a lot of daring to take a new angle on this unusual style. This self-taught artist was to meet important figures of the artistic world who enriched his vision and helped him « learn as he went along ». In the 80s, it was Jacques Garcia who introduced him to Marie-Antoinette's furniture as well as to curiosity cabinets. Le Gall likes to cultivate himself by travelling and meeting gallery owners ; he is very fond of the art of Pompeii or of the furniture by Armand Albert Rateau, as atypical as it is refined. The gallery owner Maria de Beyrie, so quick to discover the avant-garde, introduced him to the best of what modernism was producing as well as to those 20th century creators who fitted into no particular category.

Some years later in 1996, Sylvain Bellenger, who was at that time Director of the Château de Blois, asked him to create the scenography for the exhibition *Félix Duban, les couleurs de l'architecte*. This first scenography of an important figure who was both an architect and a decorator was an incredible breakthrough for him. This first experience was a success and one which was swiftly built on by a second scenography at the Château de Blois for the exhibition *Auguste Préault*. It was greatly remarked upon and led Le Gall to produce a series of exhibition scenographies. The Musée d'Orsay first of all, in 1999, with *Edward Burnes-*

musée d'Orsay d'abord en 1999 avec *Edward Burnes Jones, un maître anglais de l'imaginaire* puis pour le Grand Palais, le musée Jacquemart-André, le musée Gustave Moreau, le musée Maillol… La scénographie va ainsi, parallèlement à sa création d'objet et de mobilier, devenir l'autre versant de son travail et l'amener à s'éloigner des aménagements d'intérieur pour les particuliers. Au milieu des années 1990, le métier de scénographe n'est pas aussi défini et médiatisé qu'il l'est aujourd'hui. Il y a bien eu en 1988 la spectaculaire scénographie de Pier Luigi Pizzi pour l'exposition *Seicento, le siècle de Caravage dans les collections françaises* au Grand Palais mais les scénographes restent alors peu valorisés dans les musées. Hubert Le Gall va réellement participer à la définition et à la reconnaissance de cette profession. Il se révèle un remarquable coloriste et aime à dépoussiérer le passé en le modernisant par son sens du détail et des proportions.

Notre Janus va alors enrichir son travail de sa grande proximité avec les musées et leurs collections. Après le luxe et le raffinement du XVIIIe siècle français, il découvre, au contact de ceux-ci, l'art plus fruste et plus polyvalent des anglais du Bloomsbury Group et des artistes autour de William Morris. L'art total d'artistes à la fois peintres, sculpteurs, aimant couleur et figuration. Voilà dans quelle création Hubert Le Gall va cette fois-ci mettre ses pas. Il revendique ainsi, avec sa commode *Anthémis,* une double filiation : le XVIIIe siècle pour le bronze et l'Angleterre de William Morris pour le décor peint. Passionné, instinctif et décomplexé, Hubert Le Gall n'a pas peur d'aller plus loin que ses maîtres mais avec toujours l'idée qu'il « marche sur une crête ». La qualité d'exécution devient alors primordiale. Hubert Le Gall garde aussi en mémoire le petit garçon

Jones, un maître anglais de l'imaginaire, then ones for the Grand Palais, the Musée Jacquemart-André, the Musée Gustave Moreau and the Musée Maillol. Scenography was thus going to become the other aspect of his work, parallel to his creation of objects and furniture and distanced him from his work of interior design for private individuals. In the mid-90s, the scenographer's profession was not as well-defined nor as well-publicized in the media as it is today. Scenographers were little-valued figures in museums at that time, despite the spectacular scenography by Pier Luigi Pizzi for the exhibition *Seicento, le siècle de Caravage dans les collections françaises* at the Grand Palais. Hubert Le Gall was to play an important role in the definition and recognition of this profession. He has shown himself to be a remarkable colourist and is fond of dusting down the past and giving it a modern twist by his sense of detail and proportions.

Thanks to a close relationship with museums and their collections, our Janus enriched his work and discovered, after the luxury and refinement of the 18th century in France, the unpolished and more versatile art of the the Bloomsbury Group in England and the artists working with William Morris. Hubert Le Gall was then to follow in the steps of the total art of artists who are both painters and sculptors attracted to colour and also to representation. With his *Anthémis* chest of drawers, he thus claimed a double line of descent: the 18th century for the bronze and William Morris's England for the painted pattern. A passionate artist, instinctive and confident in his own vision, Hubert Le Gall is not afraid of going even further than his masters whilst never losing sight of the idea that he is « walking a tightrope » At this point, the quality of execution becomes of the utmost importance. Hubert Le Gall keeps in his mind a memory of the imaginative but « unmethodical » little boy he once was. His overflowing imagination has to be counterbalanced by precious techniques, exquisite finishes and shapes which are perfectly mastered. The *Igloo* chiffonnier is emblematic of his original and rigorous creations. Leaving traditional materials to one side, Le Gall's use of resin was the obvious choice for him and allows him to obtain a pure shape which would be difficult to obtain otherwise. The resin itself is almost forgotten when impeccably polished and perfectly laquered. The *Géode* lamp is based on an archetype, that of the lamp with a shade. Its classicism is offset by an interactivity with the user who turns it on as he or she moves.

As we have seen, objects are never purely functional in Le Gall's work. He himself defines his creation in these words: « *My work is situated somewhere between the object and sculpture* ». Spanning the eras, he harks back to the dreamlike mood of the great decorators of the 1940s, from Emilio Terry to Serge Roche, but so intuitive and so fond of the unusual that he takes delight in covering his tracks. This incredibly hard worker is as prolific in his creation of furniture and objects as in his scenographies. He has more surprises in store for us!

imaginatif mais « brouillon » qu'il a pu être enfant. Son imagination débordante doit être contrebalancée par des techniques précieuses, des finitions soignées, des formes maîtrisées. Le chiffonnier *Igloo* est une pièce emblématique de cette création à la fois originale et rigoureuse. Délaissant les matériaux traditionnels, l'utilisation de la résine s'est imposée à lui pour obtenir une forme pure, difficile à obtenir autrement, mais cette matière se fait oublier par son polissage impeccable et sa laque parfaite. La lampe *Géode* part, elle, d'un archétype: la lampe à abat-jour. Son classicisme est contrebalancé par l'interactivité avec l'utilisateur qui l'allume en la déplaçant.

On l'aura compris, chez Hubert Le Gall les objets ne sont jamais purement fonctionnels. Lui-même définit ainsi sa création: « Mon travail se situe entre l'objet et la sculpture ». Enjambant les époques, il renoue avec la veine onirique des grands décorateurs des années 1940, d'Emilio Terry à Serge Roche mais très intuitif et aimant l'insolite il s'ingénie à brouiller les pistes. Ce travailleur acharné est aussi prolifique dans sa création de mobilier et d'objets que dans ses scénographies. Autant dire que qu'il n'a pas fini de nous surprendre!

catalogue catalog

je pensais être Geppetto
et je réalise que je suis Pinocchio...

46

1 - LAMPADAIRE PINOCCHIO

... mes objets sont des images traversées par des météorites...

2 - MIROIR METEORA

de l'œuf ou de la poule
de la forme ou de la fonction...

3 - SCULPTURE DE LAMPE

croiser cross breed

la lampe de bureau comme animal de compagnie

4 - LAMPE MON YÉTI

accumuler accumulate

facettes et reflets

5 - MIROIR DOMINO

se parer adorn oneself

les attributs de la bête

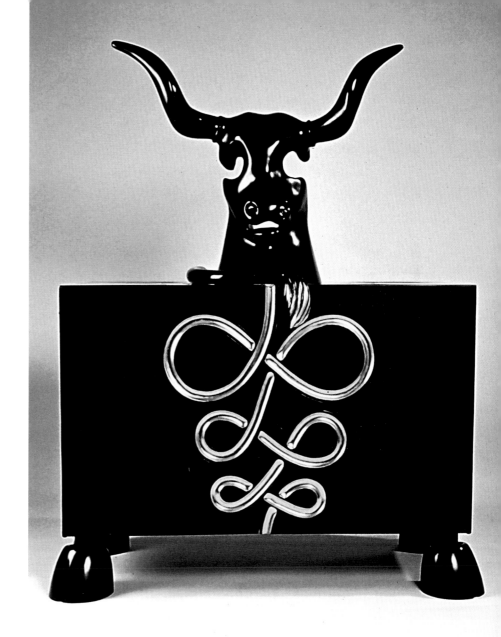

6 - CABINET TAUREAU

suggérer suggest

une femme en son miroir

7 - CHIFFONNIER IGLOO

retourner • turn upside down

8 - VASE VICE VERSO

diviser  divide

9 - FAUTEUIL POT DE FLEURS

projeter project

ombres chinoises ...

10 - TAPIS OMBRE CHINÉE

restituer  give back

... *sa fonction à l'objet*

11 - VASE VITRINE

opposer oppose

12 - SPOT DOG

plier *fold*

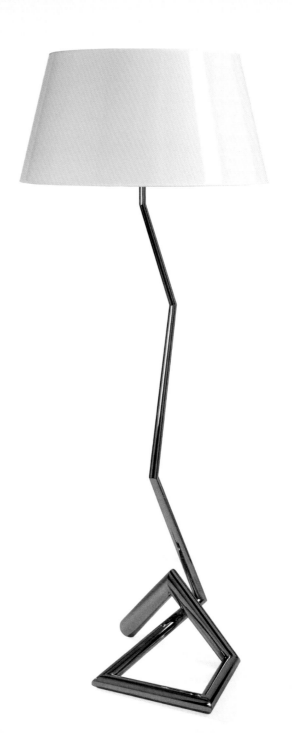

13 - LAMPADAIRE STORM

sourire smile

14 - LAMPADAIRE GOOD-DOG

raconter recount

15 - LAMPADAIRE PIC POISSONS

cacher hide

Jouer à cache-cache

16 - COMMODE ANTHÉMIS

colorier colour

goutte à goutte

17 - MIROIRS GOUTTES

conter tell a story

18 - PARAVENT,
   LE RÊVE DE LA SOURIS

trancher cut off

19 - FLASH DOG

modeler model

20 - FAUTEUIL BALEINE

dessiner draw

21 - BIBLIOTHÈQUE SUNSET

décomposer break up

diffractation

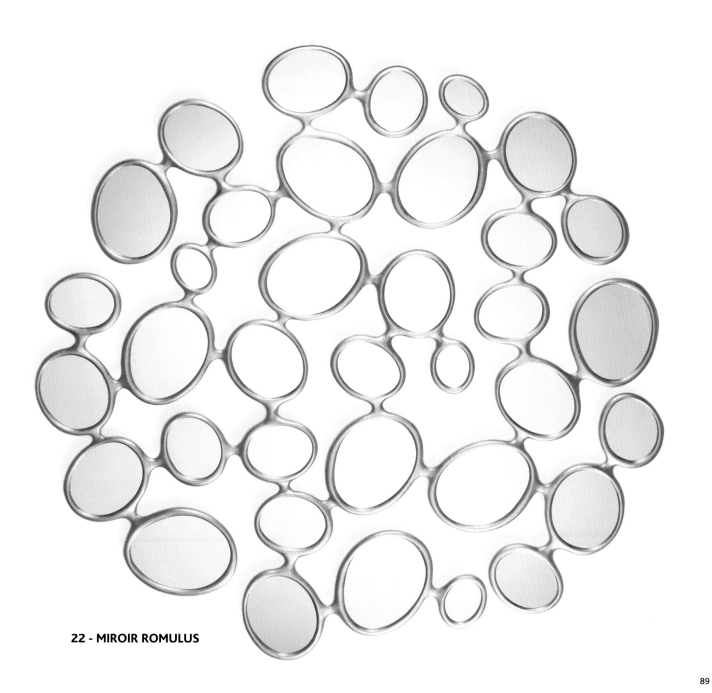

22 - MIROIR ROMULUS

conforter comfort

tirer les oreilles

23 - FAUTEUIL PLACIDE LE LAPIN CÂLIN

rêver dream

24 - GUÉRIDON SKILI

semer sow

25 - MIROIR MIRABELLE

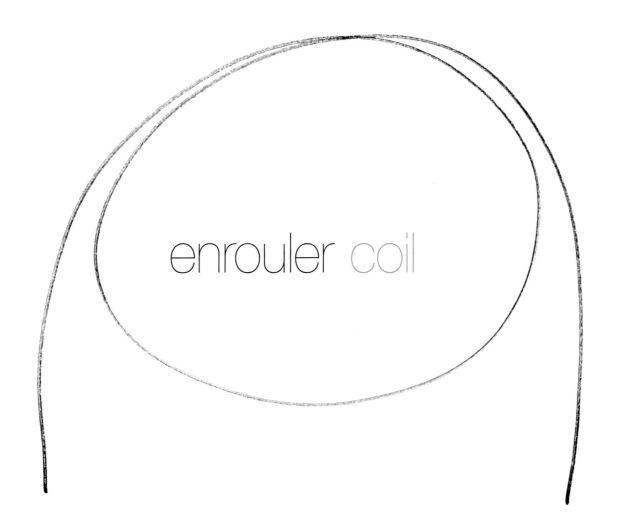

enrouler coil

26 - COMMODE CRÉOLE

jouer play

aux billes

27 - TABLE FRISSON

éclore hatch out

28 - COUPE PÉPITE

ouvrir open

le ciel

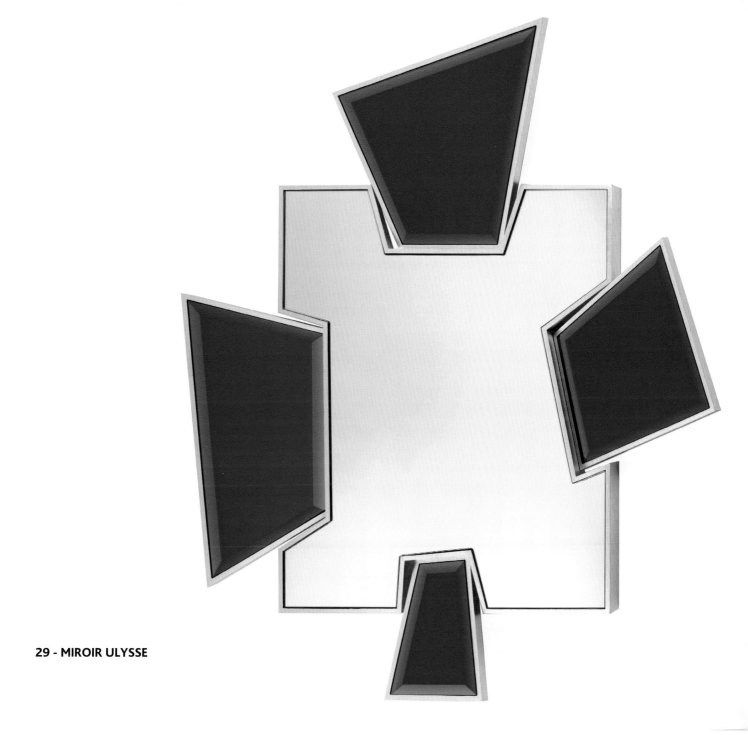

29 - MIROIR ULYSSE

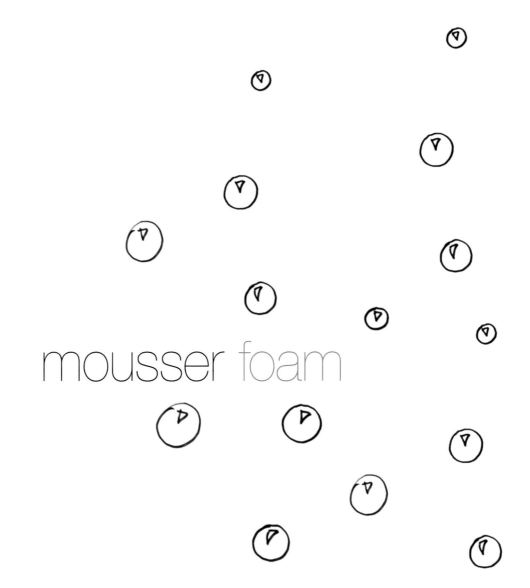

mousser foam

30 - ARMOIRE SWIPP

tripoter finger

du bout des doigts

31 - BOÎTE DELUXE

déformer deform

Voir à travers un verre de trop

32 - COMMODE WHISKY

interpréter interpret

mettre le feu

33 - CHENETS ADAM ET EVE

réfléchir reflect

34 - SCULPTURE VANITÉ

s'amuser enjoy yourself

s'amuser encore
enjoy yourself again

35 - CHANDELIER OLYMPIA

s'amuser toujours
... and again

36 - CHANDELIER LUCIEN LE MAGICIEN

s'amuser encore et toujours

.... for ever and always

37 - CHANDELIER ODILON

résumer  sum up

se vider la tête

38 - COUPE VIDE-POCHE BABINE

recommencer start again

se moucher la puerre

39 - GUÉRIDON MÉLANCOLIA

Liste des œuvres

1 Lampadaire Pinocchio
Bronze et feuilles d'or
Bronze and gold leaf
Haut : 170 cm
2013

2 Miroir Méteora
Bois or blanc et miroir
Laquered wood and mirror
130 X 90 cm
2012

3 Lampe Sculpture de lampe
Bronze patiné
Bronze with patina
37 x 27 x 21 cm
1997

4 Lampe Mon Yéti
Bronze doré à la feuille et fourrure
Bronze with gold leaf and fur
65 x D.40 cm
2005

5 Miroir Domino
Bronze nickelé et miroirs biseautés
Nickeled bronze and bevelled mirrors
150 X 105 cm
2004

6 Cabinet Taureau
Bronze patiné noir et dorure à la feuille, bois laqué
Bronze with black patina and gold leaf, laquered wood
80 x 140 x 54 cm
2002

7 Chiffonnier Igloo
Résine, bois laqué, Inox poli, leds
Resin, laquered wood, polished stainless steel, LED
180 x 100 x 50 cm
2004

8 Vase vice verso
Bronze patiné
Bronze with patina
55 x D.35 cm
2009

9 Fauteuils Pot de fleurs
Bois et velours
Wood and velvet
77 X D.98 cm
1996

10 Tapis Ombre chinée
avec table Marguerite 18 fleurs
Tapis : 120 x 200 cm
Carpet : 120 x 200 cm
Table : 50 x 60 cm
Laine et bronze patiné
Wool and bronze with patina
1998

11 Vase vitrine
Bronze doré
Gilded bronze
47 x 28 x 28 cm
2000

12 Spot dog
Bronze patiné et néon
Bronze with patina and neon
37 x D.26 cm
2012

13 Lampadaire Storm
Acier nickelé
Nickeled steel
170 cm
2014

14 Lampadaire Good Dog
Bronze patiné et doré
Bronze with patina and gold leaf
190 x D. 60 cm
2013

15 Lampadaire Pic Poissons
Bronze patiné, abat-jour
Bronze with patina, lampshade
180 x D. 80 cm
2005

16 Commode Anthémis
Bois, résine gravée, fleurs en bronze peint et doré
Wood, engraved resin, flowers in painted and gilded bronze
105 x 90 x 60 cm
1998

17 Miroirs gouttes
Bronze nickelé et miroirs de couleur biseautés
Nickeled bronze and coloured bevelled mirrors
Taille de chaque goutte : 25 x 20 cm
Size of each drop : 25 x 20 cm
2004

18 Paravent, le rêve de la souris
Bois laqué , bronze doré
Laquered wood, gilded bronze
190 X 200 cm
2005

19 Flash dog
Bronze patiné et verre blanc
Bronze with patina and white glass
42 x 45 x 25 cm
2013

20 Fauteuil Baleine
Mousse et velours
Foam and velvet
112 x 65 x 80 cm
2004

21 Bibliothèque Sunset
Bois laqué, structure en métal
Laquered wood, structure in metal
220 x 300 x 30 cm
2000

22 Miroir Romulus
Bronze doré et miroirs
Gilded bronze and mirrors
D. 150 cm
2006

23 Fauteuil Placide Le lapin câlin
Fausse fourrure et drap de laine , bois verni
False fur and broadcloth, varnished wood
155 x 80 x 90 cm
2012

24 Guéridon Skili
Bronze
Bronze
50 x 57 x 55 cm
2013

25 Miroir Mirabelle
Bronze doré à la feuille
(or blanc ou jaune) et miroirs
Bronze with gold leaf
(white or yellow gold) and mirrors
26 x 31 cm
2008

26 Commode Créole
Bois laqué noir et métal doré à la feuille
Wood with black laquer and metal with gold leaf
90 x 100 x 55 cm
2006

27 Table Frissons
Bronze patiné, billes d'acier doré,
verre, aimants et miroir
Bronze with patina, gilded steel bearings, glass,
magnets and mirror
42 x 54 x 86 cm
2012

28 Coupe vide-poche Pépite
Bronze patiné et poli
Bronze with patina and polished finish
38 x 23 cm
2006

29 Miroir Ulysse
Métal doré à la feuille et miroirs
Metal with gold leaf and mirrors
136 x 115 cm
2013

30 Armoire Swipp
Laiton et ébène de Macassar
Brass and Macassar ebony
170 x 105 x 60 cm
2013

31 Boite Deluxe
Métal nickelé et bronze doré
Nickeled metal and gilded bronze
26 x 26 cm
2007

32 Commode Whisky
Marqueterie en palissandre de Rio et Inox
Marquetry in Rio rosewood and stainless steel
98 x 110 x 48 cm
2012

33 Chenets Adam et Eve
Acier Inox poli
Steel, polished stainless steel
40 x 27 cm
2005

34 Sculpture Vanité
Bronze patiné
Bronze with patina
26 x 24 x 30 cm
2009

35 Chandelier Olympia
Bronze patiné
Bronze with patina
34 x 40 x 26 cm
2012

36 Chandelier Lucien Le Magicien
Bronze patiné
Bronze with patina
55 x 35 x 25 cm
2012

37 Chandelier Odilon
Bronze patiné
Bronze with patina
47 x 48 x 25 cm
2012

38 Coupe vide-poche Babine
Bronze patiné
Bronze with patina
20 x D. 21 cm
2012

39 Guéridon Mélancolia
Bronze patiné
Bronze with patina
59 x D. 34 cm
2014

biographie
biography

Hubert Le Gall, né en 1961 est lyonnais d'origine mais c'est à Paris qu'il décide de s'installer dans les années 1980. Ses diplômes de gestion en poche, il les vide pour retrouver le sable de l'enfance qu'il sème depuis sur ses créations.

De tables en miroirs, il crée son style que les galeries de meubles d'artistes ou d'art exposent sur tous les continents. Avec Elisabeth Delacarte de la galerie Avant Scène qui le représente depuis 1995, il a apporté un nouveau regard sur les arts décoratifs. Ses créations sont présentées dans différents musées (la Piscine à Roubaix, Musée des Beaux-Arts de Montréal) et dans de nombreuses collections privées.
Depuis 15 ans, il est aussi scénographe d'expositions en France et à l'international.
On lui doit les expositions « Mélancolie » et « Monet » au Grand Palais. Son style se distingue surtout par ses couleurs qui ont fait école.

Hubert Le Gall was born in Lyon in 1961 and he decided to live and work in Paris in the 1980s. With his qualifications in management in his pocket, he then emptied both his pockets and found the sand of his childhood he has scattered over his works ever since.

From tables to mirrors, he has created his own style that galleries exhibiting furniture by artists or *meubles d'art* show on all five continents. With Elisabeth Delacarte of the Avant Scène Gallery, who has represented him since 1995, Le Gall has brought a new vision of decorative arts. His works are presented in different museums (La Piscine in Roubaix, Musée des Beaux Arts in Montreal) and are to be found in many private collections.
He has also been an exhibition scenographer in France and worldwide. He was responsible for the "Mélancolie" and "Monet" exhibitions at the Grand Palais. His style is distinguished above all by the colours he uses and which have been widely taken up.

expositions
exhibitions

Galerie Avant-Scène - Paris
Galerie Pierre-Alain Challier - Paris
Galerie 2B Design - Toulouse
Galerie Mazel Galerie – Bruxelles
Galerie Themes and variations - Londres
Galerie 21st Gallery - New-York
Galerie Jean de Merry – Los Angeles
Galerie Dima Design – Milan
Galerie 2021 - Beyrouth
Galerie 88 - Londres

EXPOSITIONS PRINCIPALES

2014   Musée Mandet - Riom – Hubert Le Gall – Design en liberté
2013   Pierre Alain Challier - Miroir, bijoux
2013   Art Paris – Mazel Galerie
2012   Galerie Avant Scène – Hubert Le Gall fait son cirque
2012   Mazel Galerie – Le silence est d'or
2012   Mazel Galerie – Zoo O logis
2010   Galerie Pierre Alain Challier – exposition de groupe
2009   Galerie Themes and variations – exposition de groupe
2009   Musé Louis Vouland Avignon
          exposition de groupe « Jeux de miroirs »
2009   MUDAC Suisse - exposition de groupe « Nature en Kit »
2008   Galerie Pierre Alain Challier – Paris
          exposition de groupe
2007   Rétrospective « Objets » Louvre des Antiquaires - Paris
2007   Paris-Pavillon des Arts et du Design
          Galerie Avant Scène - Paris
2005   Galerie Avant Scène – Paris
2004   Galerie 2B Design – exposition personnelle
2004   Galerie Artcurial – exposition de groupe
2003   Galerie Artcurial – Paris
2002   Galerie Magenta - Milan

2001   Exposition " Comme à la maison "
          Galerie Beaubourg Vence
2001   Galerie Magenta 52 Milan
          exposition personnelle avec catalogue
2000   Exposition "Lumière " à Roanne
1999   Musée des Arts décoratifs, Bordeaux,
          « Deux décennies de création de mobilier contemporain »,
          catalogue.
1998   Galerie Thème et Variations, Londres
          (tables et lampes en bronze).
1997   Galerie Avant-Scène, Paris,
          exposition personnelle avec catalogue.
1996   Galerie Avant-Scène, Paris (tables et vases en bronze).

COLLECTIONS ET MUSEES

Musée des Beaux Arts de Montréal –Canada - :
commode Anthémis

Musée des Arts Décoratifs –Lille Roubaix: Fauteuil Baleine

2001   Mairie de Paris
          Appartements de réception du Maire (table et lampes)
2003   Ambassade de France à Belgrade : Mobilier de salon
2004   Ambassade de France à Bucarest : Table de salon
2005   Mobilier National
2006   Ambassade de France à Lisbonne : Salle à manger

PUBLICATIONS

Hubert Le Gall - Jean-Louis Gaillemin
Norma Editions

Living style in Paris - Caroline Sarkozy
Editions teNeues

Esprit meuble design - Anne Bony
Editions du Regard

MUSÉE MANDET, RIOM (63)

Photographies d'intérieurs : Cecil Mathieu
Photographies du catalogue : Bruno Simon

Conception et réalisation **PAPIER** AND CO
pour les éditions Gourcuff Gradenigo
Achevé d'imprimer en avril 2014
sur les presses de l'imprimerie STIPA - Montreuil